1

Poemas Tristes

COMPILACION

M. W. Publishing

P.O. Box 22

West Covina, CA USA 91793

Poemas Tristes

COMPILACION

Por

Oscar Cairoli

COMPILACION

Estos poemas fueron escritos durante mi tiempo en Europa (1970-1971).

Durante todos estos años los poemas fueron perdidos hasta que en 2017 los encontré en una caja vieja.

Ahí estaban con unas fotos de mis tiempos de joven.

Decidí hacer un pequeño libro, son simple momentos de mi juventud muy lejos de mi hogar y familia, lejos de alguien que yo quería.

Un recuerdo de la juventud.

Este volumen es la compilación de tres libros publicados anteriormente y poemas nuca publicados.

*La tapa del libro es un auto retrato del autor
pintado al óleo por el mismo en 1982*

Dibujos originales por Oscar Cairoli

Ayer

un recuerdo,

hoy

mi soledad,

mañana

una esperanza.....

Introducción

El destino

me llevo por el mundo,

y el mundo me regalo

la melancolía y la tristeza,

la sonrisa y el amor.

Aquí están mis versos.

Aquí estoy yo....

Paris, Francia

28 de Febrero de 1971

1

Tu belleza

no está en tus ojos,

pero en tu mirada...

Tus labios

son labios imperfectos,

pero son tus besos...

pero son tus besos...

Tu cuerpo

no será universo,

pero si tu alma...

Tus manos

¡Ay, amor!

no encuentro las palabras...

2

Vida que insistes

en darme tristezas,

te ríes cuando lloro

el dolor que aprieta.

Torturas mis días

cuando a mi amada enfermas,

y ella, ¡mi amor!, no se queja

las lágrimas de sus ojos nacen secas.

¡Mi Dios! Donde estas

que mi alma no te encuentra,

te busco en la oscura soledad

con el grito de mis penas.

Y a ti, destino cruel, te digo con furia,

si a mi mujer te llevas,

tendrás con ella

llevar mi castigo...

3

Mira el anillo

en mi mano,

no solo dice

que estoy solo,

dice también

que a ella amo.

Cuando estoy solo

a ella extraño,

cuando juntos

¡Ay! Como rumoreamos,

en los parques

como jugamos.

En las tristezas

juntos lloramos,

los domingos en la iglesia

unidos de la mano,

Ahora mira al anillo...

4

Los vi una vez y los vuelvo a ver,

tristes o alegres me llegan a enloquecer,

son diferentes pero siempre son,

los ojos de alguna mujer.

Los bese una vez y los vuelvo a besar,

con ese calor que llegan a enamorar,

son diferentes pero siempre son,

los labios de una mujer.

Lo dije una vez y lo vuelvo a decir,

un adiós que no quiere ser,

son diferentes pero siempre es,

el adiós de alguna mujer.

5

Anoche

fue la primera noche sin ti,

te extrañe.

No salí a la calle,

solo escuche música en el cuarto,

y recordando tus besos, despacio,

...me dormí.

6

Jueves,

el sábado parece tan lejos,

cuento las horas

y me desespero.

Creí que no estaba enamorado,

                    ...lo estoy.

7

Cuando te dije

que me gustaría llevarte a California

sé que la idea te gusto.

Ahora pienso

si tú sales conmigo

solo por interés.

Pero cuando fuimos a Livorno

en el viejo autobús

pagaste mi boleto.

Y eso me hizo sentir mejor

estoy confuso igual

y a veces dudo

.... perdóname.

8

Te dije

que hoy compre el collar en Pisa,

te mentí, pero tú no sabes

que este collar hace tiempo que lo tenía.

Con el adornaste tu cuello

sonreíste, me miraste,

no dijiste nada

pero comprendí al instante.

9

Triste miércoles

te vas,

espero ahora el sábado,

           ... sé que volverás.

Me pregunto qué harás

allá en Nápoles,

sé que no me quieres decir

           ... sabes, estoy celoso.

10

Sábado

llegaste

pero tú

no volviste...

No volviste,

¿Por qué?

11

La habitación está vacía

tú no estás allí,

la puerta está abierta

tú no quieres venir.

Vuelve a mi... es fácil decir

pero tú no estás allí,

las flores del amor

esperan mujer por ti.

Vuelve a mi es fácil decir,

pero tú no estás allí.

12

Caminamos por Livorno

tomados del brazo,

me sentía orgulloso

de tenerte a mi lado.

Porque tú

eres algo especial,

sabiendo lo que tú eres

no me ha de importar.

13

Hoy pensé en ti

como pensé ayer

y el día anterior.

Mañana pensare en ti,

pensare en ti el día siguiente

        ... como pensare siempre.

14

Quizás

la eternidad

no sea eterna,

quizás

el universo tenga fin,

quizás

el amor que hoy siento,

mañana

no lo abre de sentir.

15

Estoy aquí

pero no estoy,

debo ir

pero no voy,

¡Ay Dios!

Que será de mí.....

16

Tú eres Católica

yo soy Mormón,

es imposible, tú dices,

realizar nuestra unión.

Dime ¿Qué es más importante?

La religión,

.........o nuestro amor.

17

Recuerdas

tiempo atrás,

cuando yo era nadie y

mi amor no te importo.

Recuerdas

deje mi hogar,

me fui por el mundo y

conocí mi alma.

Recuerdas

tú me escribiste,

esa carta

ofreciendo tu amor.

Recuerdas

cuando yo era nadie,

quiero que sepas

que nadie soy.

Solo tengo experiencias y

encontré mi corazón,

es muy tarde, hoy no puedo

aceptar tu amor.

18

Dedos

que esperan

con ansias el momento,

de disparar el rifle

que callado

espera inquieto.

Matar

las ideas

que rondan con el viento,

como el satélite que da vueltas

atormentando

mi cerebro.

19

Hojas tiernas

en los árboles de la primavera,

lagrimas viejas

En mis ojos que recuerdan.

20

Ayer

no los pude entender,

hoy

los comprendo…..

Hoy comprendo

a mis abuelos….

21

Me dije

hoy me emborracho,

y me emborrache

        pero, bien borracho.

Ya no voy a tomar

siempre me digo,

pero llega la noche y con ella el vino

        y así borracho vivo.

22

La noche

y tú,

extraña combinación.

Las estrellas

y tus ojos,

me fascinan.

23

Soledad hermano

soledad,

la encuentro

en las calles

sin buscar,

la encuentro

en mi casa

sin invitar,

la encuentro

donde voy,

imposible de escapar.

Soledad hermano,

soledad....

24

En la noche

cuando el silencio canta,

siento el dolor

y me pongo a llorar.

25

Pregúntame

que hago solo

en mi habitación,

te diré

no hago nada,

solo sueño,

solo sueño....

26

El alcohol

me llevo lejos,

y el café

me trajo a la realidad.

Realidad te odio

cuando traes la verdad,

el temblor comienza

hace frio y tú no estás.

y el café

me trajo a la realidad

27

Es extraño

como se siente uno,

al estar enfermo

en el cuarto oscuro.

Tengo miedo

y no lo niego ¿Por qué negarlo?

No me siento muy hombre

cuando la muerte me está llamando.

28

Lágrimas

quizás el frio te congele,

y el viento te capture,

lágrimas

¿Dónde te llevara el viento?

29

El sueño

que soñé

quizás nuca sea realizado,

el tiempo es muy corto

necesito más años.

30

Detrás de la ventana

se ve el ocaso

y luego,

después de la noche

el nuevo día,

sin una ilusión,

sin una esperanza,

¿Para que la vida?

31

Un trago de vino

y el calor del sol,

el perro que duerme

y el pájaro cantor,

dame esa guitarra

y te doy una canción,

hoy tengo las penas

y con ellas me inspiro yo.

32

Soy feliz en Italia

soy feliz en este día,

y todo porque conocí

a ella,

 y ella es Nila.

33

Es medianoche

oscura noche,

la luz de los faroles

la sombra mía

camina y camina.

34

Eran dos hermanas

me enamore de la menor,

había algo en ella.

Eran dos hermanas

me enamore de la menor.

35

Ayer te vi con otro

yo estaba con otra,

nos miramos, sonreímos,

que cosa más tonta.

36

Conocí dos parejas

en Calambrone,

hablamos por horas

sobre el comunismo,

Vietnam,

y porque uno mata.

Aprendí con ellos

no sé si aprendieron de mí,

la política

no es mi cosa.

37

Dicen que el amor es ciego

y creo que es la verdad,

por lo que estoy pasando

no te lo quiero recomendar.

38

Te vi en el fuego

y te vi en la lluvia,

te vi en el sol

y en la noche con luna,

en los días con calma

y en las noches con furia.

Dime amor

¿Dónde me vistes?

39

Los versos con amor

solo el amor lo sabe,

porque

no lo sé yo.

40

Soy argentino

....

Soy argentino

pero no de los buenos,

deje el país

soy uno de aquellos.

No me preguntes porque

deje el barrio y a mis amigos,

no me preguntes porque,

no tengo la respuesta

y ando perdido.

41

Policía

Ladrón

El policía sigue al ladrón

Llegan a una esquina

El policía pierde al ladrón

El ladrón se salva del policía

Dice indignado el policía

¡Qué suerte la mía!

Dice el feliz ladrón

¡Qué suerte la mía!

42

Y pensar

que en Julio

quizás te vea,

Junio parece

un siglo

con un fin

que no llega.

43

Labios son labios

pero tus labios

son los más ardientes.

44

Horas flotan

sin decir adiós,

espejo no me digas

que ese soy yo.

45

El tiempo

la distancia

lentamente nos fue matando,

aquí estoy ahora

en el suelo

solo

moribundo,

llorando...

46

Es mejor que apague

la luz,

es hora de dormir.

No estoy cansado

y es temprano,

pero

no hay lugar donde ir....

47

Las sillas vacías,

vasos olvidados,

la música que muere

en el amanecer.

Con los brazos cruzados

y mi último cigarrillo,

estoy solo en un rincón,

sentado desde ayer.

Quien sabe porque

pero no quiero irme,

quizás todavía espero ese amor

que no quiso ser.

El silencio es la música,

converso con ella en la mente,

seguiré esperando

esperando el atardecer....

48

Hace frio

en la noche oscura,

camino solitario

en la Europea ruta.

Fumando,

cantando mi sueños,

mis ojos creen ver

más allá de los cielos.

Tengo hambre,

hace tiempo que no como,

un café me haría bien

para calentar el espíritu flojo.

Quisiera hablar con alguien,

me siento muy solo,

¿Dónde voy? Me pregunto,

bueno, será que estoy confuso.

49

Vi tus ojos en el retrato

reflejan la tristeza,

como los míos en la bonanza

tristes pestañean.

Será porque estamos solos

en la gran distancia,

y una vez el tiempo hizo olvido

aquella amistad que nos juntaba.

Hoy el destino nos vuelve a unir

comprendo que es solo por carta,

pero en ellas van escritas

nuestras más hermosas palabras.

En este verso está el amor

el amor que se ocultaba,

detrás de un mundo que no comprende

de esa gente que siempre habla.

Pero hoy no importa lo que digan

esas bocas con mil lenguas,

hoy quiero ese amor

y eso es lo que importa.

50

La guitarra en un rincón

sumergida en su silencio,

le faltan las cuerdas musicales

que cantan mis sentimientos.

Las botas que me acompañaron

por las rutas del destino,

bajo la cama se encuentran

recordando los caminos.

Los versos en la mesa

hacen compañía al vino tinto,

botella que inspira

la mayoría de mis escritos.

El tabaco en la pipa

se pierde el humo en el espacio,

en mi viejo sillón estoy

reposando mi cansancio.

La guitarra en un rincón

sumergida en su silencio

51

En mi triste soledad pienso

que la vida es solo un cuento,

cuando todo va mal.

Imposible que los sueños se hayan ido

detrás de aquel amor perdido,

parece irreal.

Los días testigos de las desdichas

en el cuarto con su fotografía,

dicen la verdad.

Es mejor que calle mi tristeza

ya no hay aliento en mi garganta seca,

ni puerta que cerrar.

52

En mi mente

en esta lluviosa noche,

se repite tu nombre.

Es domingo

triste domingo,

quizás como todas los anteriores.

A veces creo enloquecer

estando solo en mi habitación,

el único escape que puedo encontrar

es un lápiz y un papel.

En ese papel le doy forma a un verso

un verso con sentido,

a veces otros no los puedo entender

con un dólar en el bolsillo

Y tú recuerdo en la mente,

camino por el campo,

miro el correr del arroyo,

escucho los pájaros cantar,

miro la flor perfumar.

Estoy lejos de la casa,

me digo,

estoy lejos de mi amor.

53

Su nombre formaba un eco

en los fondos de la mente,

los ojos imaginan su figura

caminar por lo verde.

En mi cuarto cubierto por el polvo

las cortinas blancas están cerradas,

confundo los días y las noches

en largas horas en la nada.

Veo la flor en el rincón

que de a poco se va muriendo,

es la única amiga

y ella también me está dejando.

Vaya lo que daría

porque abran la puerta,

y me den la noticia

que ella está en su vuelta.

54

Te has fijado que triste es

encontrarse en la soledad,

cuando no tienes a nadie

que te consuele en tu llorar.

Te sientas en la vacía cama

y observas el solitario cuarto,

las paredes te observan calladas

pero que podrían decir tanto.

Fumas el cigarrillo despacio

y ves el humo perderse en el vacío,

las ventanas están cerradas

pero se siente el extraño frio.

Le das un soplo a la moribunda vela

y te quedas en una silenciosa oscuridad,

imaginas entonces ver tus ojos

aquel ser que tanto llegaste amar.

55

Alguien prendió la amarilla luz

en la oscura y solitaria habitación,

mire la ruidosa puerta

y sentí una rara sensación.

Alguien, a quien no vi, dijo algo

con una triste emoción,

escucharon mis oídos extrañados

cuando otro, al mismo tiempo,

cantaba su canción.

Alguien dibujo en la blanca pared

la forma de un hermoso corazón,

y dentro escribió con un vivo rojo

el nombre de aquella quien es mi amor.

Alguien de repente apago la luz,

y la puerta, crujiendo, lenta cerro,

confuso, reflexione un momento

¿Qué fue lo que paso?

56

Entre al cuarto

estaba vacío,

por alguna razón

se había ido.

Me senté en la cama

observe las paredes,

vi su retrato,

la imagine en mi mente.

La botella vacía

en el suelo las cenizas,

ni siquiera una nota

como una despedida.

Corrí la cortina

el sol entro por la ventana,

igual había un frio

en lo profundo del alma.

57

No quiero

negarte mi amor,

tú ya sabes que te quiero.

pero esta ese espíritu en mí,

ese espíritu

de viajero.

En las rutas del mundo

siempre solitario

me encuentro.

Sé que tu

me quieres acompañar

en mis viajes inciertos.

Pero no está bien,

tú,

tú eres una dulce mujer,

tú debes amar

un hombre...

un hombre que te de un hogar.

Yo solo te puedo dar

las calles,

mi guitarra, una canción,

mi amor....

y nada más.

58

Sentado

junto a la cama,

mirando el paisaje

detrás de la ventana

pensativo estoy.

La nieve

lenta, como sin ganas,

cubre la tierra

y las muertas ramas

¡Mi primera navidad blanca!

59

Siento el correr del reloj

perturbando mis nervios,

pensar que mañana

tendré que moverme lejos.

Me siento intranquilo

estoy cansado pero no duermo,

me concentro en algo

y no se en que me concentro.

Escucho un disco de Arlo Guthrie

en mi barato tocadiscos,

la cama cruje

bajo mis huesos movedizos.

Lugares desconocidos

esperan mi presencia,

esperar la partida

es lo que me impacienta.

60

Sentado en la vieja silla

en mi solitaria habitación,

fumaba mi cigarrillo

escuchaba una canción.

Mi mente atraía recuerdos

que habían sido olvidados,

quizás mucho fue el vino

que copa tras copa fui tomando.

Sin nadie con quien hablar

conversaba conmigo mismo,

además, a quien le importa la historia

que convierte mis sueños en delirios.

Bueno, que se le va hacer

cuando solo las sombras a uno lo siguen,

espero que alguien llegue a comprender

a este pobre que hoy vive.

Fumaba mi cigarrillo

escuchaba una canción

61

Porque estará triste

la flor que me perfuma,

porque estaban calladas

las olas sin su espuma.

Será por la distancia,

será por el olvido....

Porque estarán en tormenta

los cielos con su furia,

porque se escuchara silbar

al viento su furor.

Será por la distancia,

será por l olvido....

Porque los pájaros no cantan

la canción de su hermosura,

porque mis labios no crean

esas palabras de ternura.

Será por la distancia,

será por el olvido....

será porque la quiero

y la he perdido.

62

Cuando camines por la Sunset
recuérdame como te recuerdo yo,
cuando veo bajo el brillo del sol
el roció sobre la flor.

Cuando escuches mi canción
recuérdame como te recuerdo yo,
cuando veo la luna en la noche
testigo de nuestro amor.

Cuando veas alguien en su llorar

recuérdame como te recuerdo yo,

cuando veo llover en mi ventana

los días tristes sin tu calor.

Cuando leas mí enamorado verso

recuérdame como te recuerdo yo,

cuando veo el mar acariciar la playa

como tú acaricias mi corazón.

63

Hoy la nieve cubre lenta

lo verde de las sierras,

mis ojos ven el manto blanco

y piensan con el vestido de fiesta.

Hace frio y el cuerpo tiembla

solitario esta, solitario piensa,

el tiempo esta largo

pero algún día será la fiesta.

Lagrimas nacen con pena

en mis pupilas que parecen ciegas,

mientras las manos buscan ansiosas

los anillos que usare en la fiesta.

Te preguntaras cual fiesta

es la que canto en mi poema,

te diré que será cuando tú y yo

nos juntamos en vida eterna.

64

Hoy pienso en rosas

es que ellas son muy bellas,

y recuerdo mi amor

tan hermosa que es ella.

Hoy percibo el perfume floral

que nace en el jardín de las doncellas,

y recuerdo mi amor

tan hermosa que es ella.

Hoy miro al infinito del mundo

y las distancias se hacen cortas al verlas,

y recuerdo mi amor

tan hermosa que es ella.

Me siento ya cansado de mí caminar

espero entonces junto al mar,

 en la arena,

y recuerdo mi amor,

tan hermosa que es ella.

Tan hermosa que es ella.....

65

La Lleve

la deje.

Le estreche la mano

me dijo adiós,

                le dije adiós.

Se fue.

Cuantas cosas le quise decir,

                y nada dije....

66

Solo dos palabras te diré

en este día especial,

palabras simple quizás

pero simple es nuestro amor.

Solo dos palabras te diré

déjalas entrar en tu muy adentro,

en lo más profundo de tu cuerpo

y sentirás lo que yo siento.

Solo dos palabras te diré....

¡Te amo!

67

Gracias

por tu amor de la mañana,

es un regalo

que me hace falta.

Gracias

por tu amor de la mañana,

que no sea la última vez

porque sabes que me hace falta.

68

Te he visto ayer

y hoy te has ido,

te lloran mis ojos

los ojos

que te han conocido.

Te llaman mis labios

y en otro mundo

te has perdido.

....

Te he visto ayer

y hoy te has ido.

69

Enamorados

en las playas,

el mar, el sol

y la paloma que pasa….

Enamorados

en las noches,

la luna, la estrella,

y la oscuridad que canta….

Enamorados

en el mundo,

aquí, allí,

más allá

y a donde vallas….

70

Calles desoladas

pasos inciertos

caminan........ caminan,

ojos con mil lágrimas

intranquilos

vigilan........ vigilan.

Brisa del mar

que vienes

y me acaricias,

días solos

que tú nombre

gritan.

Paloma que vuelas

a la distante

línea,

nubes que cubren el sol,

matan

la sombra mía.

....

Flores de la noche

que lloran el nuevo día,

labios que rodean los míos

dibujan

una falsa sonrisa.

Y esta alma

que ronda triste,

no te olvida

no te olvida......

71

Alma enfurecida

que batalla sola

en la lejanía,

mente que piensa y piensa,

confusa

anda perdida.

Espíritu solitario

prisionero,

entre paredes frías

puerta sin llave,

esperan la mano

de la vida.

72

Pared

no dices nada

solo miras,

ve mi cuerpo

sufrir

esta agonía.

Dos puertas

una entrada

una salida,

una cerrada

la otra quedo abierta

en tu partida.

Ventana

tu cristal esta nublado,

sin cortinas,

nadie te cierra en las noches,

nadie te abre

en los días.

....

Mundo de silencio

palabras en la mente

son mías,

en el espacio

ronda el recuerdo,

tu sonrisa.

Una puerta te vio ir

la otra que espera,

no te olvida,

no te olvida………

Una puerta te vio ir

la otra que espera

73

El viento de la noche

juega

con ventanas movedizas,

la cama sostiene un cuerpo

que en vano

llama el alma en gira.

Extrañas voces del mundo

llaman

al nuevo día,

cansada el alma vuelve

al cuerpo que espera

esta alma mía.

Este cuerpo frio

el calor tuyo

no lo olvida

no lo olvida.....

74

Jardín

flores de mil colores,

verde esperanza,

agua cristalina

de la tarde,

son tus lágrimas.

Mariposa

jugando en tu volar,

buscas la rosa,

son mis labios

buscan los tuyos,

qué otra cosa.

Venus

figura que adornas

con brillante blancura,

eres tú

enamorada del corazón,

inspiración tan pura.

Paraíso de mil colores

perfume conquistador,

amor de locura,

ojos que despiertan,

espíritu que vuelve

te pierdes en la bruma.

.

Solo un sueño

realidad has vuelto,

y tu penuria

y tu penuria......

75

La vi parada allí

observaba las antigüedades

del viejo negocio de la calle 16,

sus líneas eran delicadas

sus cabellos rubios reposaban

en su espalda.

Me acerque a ella

y tímido dije

"Cosas viejas pero bonitas, ¿no?"

sus ojos azules me miraron

y sus labios extraños quisieron decir algo

pero quedaron en silencio.

Sin decir una palabra

dio una media vuelta y se alejó,

sin siquiera mirar una vez

hacia su atrás.

....

Volví a mirar las antigüedades

y sonriendo con la sonrisa del derrotado,

me dije en voz alta

"Cosas viejas pero bonitas, ¿no?"

76

Estaba comiendo pan francés

esos que son bien largos,

lo acompañaba con vino blanco,

lo gracioso de esto es que ella

estaba sentada sobre el césped

de un pequeño parque

situado en el centro mismo de Paris.

Me senté en una banqueta

quería observarla,

formaba una escena muy curiosa.

Al rato termino su pan

y su vino,

corto un rosa roja

y se la sujeto en el cabello

Se levantó despacio

como si tuviera todo el tiempo

en el mundo,

y la vi alejarse.

Hoy tengo un recuerdo de ese día

en mi dormitorio hay una botella vacía,

donde una vez vivió ese añejo vino

francés.

77

Sonría

con la sonrisa de un ángel

sentada en frente de mí.

Conversaba en su idioma

con una amiga,

quien sabe que dirían

pero sonreían.

Sus ojos notaban vida

de esa muchacha feliz

que ama al vivir.

Su conversación en francés

no la entendía,

pero sus ademanes y expresiones

cualquiera los comprendía.

El tren con su marcha alocada

seguía y seguía,

mientras ella dulce

sonreía y........sonreía.

78

La tarde estaba gris

triste,

como si fuera a llover.

La gente igual caminaba

por las verdes arboladas,

mirando las vidrieras

conversando en las esquinas,

tomando una cerveza en los cafés.

Las muchachas con las minifaldas

y sus alegres sonrisas,

los niños corriendo de un lado a otro

como jugando a las escondidas.

Los muchachos contando

algún cuento verde,

yo solamente observaba,

....

El inolvidable Paris.

79

Caminaba por la calle principal

con sus luces de mil colores

los teatros, cafés,

y los cabarets,

con sus tentadoras fotos

invitándote a entrar.

Cuando decidí en una esquina

doblar a mi izquierda

era una calle angosta,

oscura,

me hacía sentir algo de miedo,

pero yo sabía bien lo que buscaba

según referencias de un amigo.

Allí había mujeres

y las referencias eran exactas,

había mujeres,

mujeres para todo gusto,

no tarde mucho pare encontrar

la del mío

ya que todas eran bien parecidas.

¿Cuánto quieres?

Fue mi pregunta,

50 Francos más el hotel

fue su repuesta,

su cuerpo no me dejo pensar

y 70 Francos menos

había en mi billetera.

....

Era mi primera noche en Paris.

80

Hoja

el viento te arranco

y te perdió

en la distancia.

Allí estas ahora

entre otras

hojas muertas.

Sabes....

te pareces a mí.

81

En la noche te vi llorar

llorabas en Paris,

no queríamos decir adiós

pero tenía que ser así.

Caminamos juntos por la última vez

en las calles de Paris,

tu cabello rubio me enamoro

tus ojos fueron mi vivir.

Nos besamos juntos en el hotel

donde soñamos en Paris,

nos miramos por última vez

y la espalda te volví.

Con mi tristeza camine

con las sombras de Paris,

por unas horas pude ver

que la vida puede ser feliz.

Las noches en Paris.....

82

En mi cerebro

rondan fantasmas,

que surgen de una imaginación loca

una imaginación

que no tiene límites,

que no tiene fin,

y que no sé qué la provoca.

83

Los cañones gritan

por gritar,

el político habla

por hablar,

el muerto viaja

al más halla,

el poeta muere

en su llorar,

el pájaro vuela

sin cantar.

El mar, el cielo, el mundo,

y su andar.

Pasos muy lejanos

ya no volverán,

grandes hombres muertos

ya no vivirán,

inhumanos que viven

no morirán,

ángeles en la noche

se ven pasar,

ángeles en el día

no se pueden hallar.

Pasos, hombres, ángeles

y su andar.

Sueños muy raros

un atormentar,

el amor no existe

en mi soñar,

solo guerras, odio,

y la crueldad,

la paz en mis sueños

no la puedo hallar,

preguntas en mi mente

no las puedo contestar.

El sueño, las guerras, el odio,

y su andar.

Drogas en mi cuerpo

metidas ya,

el alcohol en el vaso listo

para tomar,

el cigarro y su humo

en el aire vagar,

luces raras en mi cuarto

con su iluminar,

las paredes negras

no pueden mirar.

Las drogas, el alcohol, el humo

y mi andar.

84

Morar en elegantes residencias

con muros de una intensa blancura,

coronados de románticos jardines

para fantasear en noches de luna.

Desadormecer cada temprana mañana

con el melódico cantar

de las aves al pasar,

asomarse al balcón y descubrir

la lindura de las flores

su roció llorar.

En cálidas tardes soleadas

cabalgar en la aislada bonanza,

para desviar la idea del hábito

y trasladarlas al mundo de la nada.

Los astros como espías

en la tenebrosidad de las sombras,

vigilan con ojos centellantes

la energía del cuerpo en ronda.

El mundo sigue en gira

sin detener la rotación rutinaria,

al ser imposible retener el tiempo

la vida arriba al punto en que acaba.

85

Lagrima

los ojos te buscan

y no te encuentran

¿Dónde estás?

Lagrimas del ayer

¿Tú fuiste la última?

86

¿Qué es el amor?

¿Cómo llega?

¿Qué siente el corazón?

Ninguno supo

poner en claro mi pregunta.

....

Ella lloro

¿Porque lloras? Le pregunte.

Lloro porque te amo

porque tengo la felicidad en mis manos.

Ella sabe que me ama

ella sabe

¿Y yo?

¿Nunca lo sabré?

....

No entiendo,

No comprendo lo que siento y

Tengo miedo.

87

Sumergido en las locuras de mis ideas

es una noche oscura y fría,

surgió un sueño muy extraño

como un cuento de fantasía.

El sueño trataba de algo

que mi corazón no entendía,

era la figura de una mujer

gritando que me quería.

Al no poder despertar

sentí el frio sudor del miedo,

me estaba enamorando de esa mujer

y tan solo era un sueño.

Luche como un loco

contras las garras de ese amor,

y venciendo abrí los ojos

para poder así apreciar el sol.

Me di cuentas entonces

que solo fue un raro sueño,

pero en mi corazón seguía sintiendo

te quiero,

te quiero………

88

Me la trajo

la juventud

se la llevo

la vejes.

Si te encuentro

un día

que no haiga años

solo eternidad.

89

No lloren ojos tristes

no lloren ese amor

que el día se va acercando.

No sufras corazón solitario

no sufras ese dolor

que el sueño se va realizando.

No te confundas mente mía

no te confundas en las noches

brillara el sol en nuestro cielo imaginario.

90

Te escribo

esta noche

con la pluma desconsolada,

perdida en la selva

más grande y confusa,

la selva humana.

Estas en la imaginación,

estas en la distancia....

91

Te seguí

donde tú fuiste,

me perdí

donde te perdiste.

Hoy supe que has muerto

dime espíritu que rondas,

¿Dónde está tu cuerpo?

92

¿Has estado

en las nubes

sin físicamente estar?

¿Has estado

en un nuevo lugar

creyendo que allí has estado?

¿Has besado

alguien que creíste amar

pero que realmente nunca amaste?

¿Has estado enfermo

al punto de creer morir

pero luego seguiste viviendo?

Preguntas extrañas las mías……

93

Quise hablarle

pero no le hable,

quise acariciarla

pero no la acaricie,

quise besarla

pero no la bese.

Ella me hablo

me acaricio y beso....

Que sorpresa me lleve.

94

Las guerras

quedan en el olvido

y los olvidados

en las tumbas.

y los olvidados

en las tumbas.

95

Fue una fría noche

del 23 de Agosto de 1970,

cuando con alcohol

bañe mi sangre.

Esa mañana

recibí tu carta,

me dejabas.

....

96

La luna,

el cielo

y las estrellas.

El mar,

la playa

y tú.

Las noches más bellas.

97

Buscaste

refugio en mí,

sin saber

que yo

buscaba refugio

en ti......

98

Carpintero

de riberas

cuando termines

la barca,

déjame pintarle

el nombre

que hoy

mi pincel canta.....

99

Quizás

la eternidad

no sea eterna,

quizás

el universo

tenga fin,

quizás

el amor que hoy siento

mañana

no lo habré de sentir.

100

Sígueme.....

si tu amor es fuerte.

Los Poemas Tristes fueron

encontrados después de 46 años.

Oscar Cairoli nació en Quilmes, Buenos Aires, Argentina. Paso parte de su vida en Europa y América Central.

Ahora reside en Los Ángeles, California, Estados Unidos.

Alemania 1970

Livorno, Italia 1971 pintado por G. Klaine

174

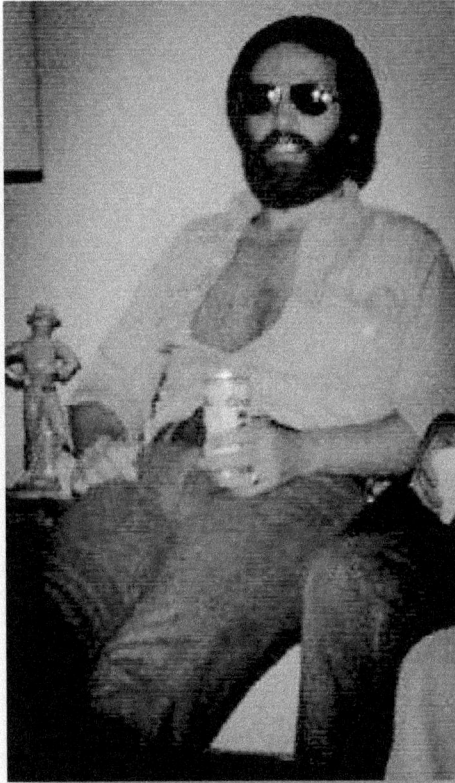

Los Ángeles 1973

M. W. Publishing

P.O. Box 22

West Covina, CA 91793

USA

M W Publishing

TM

www.ingramcontent.com/pod-product-compliance
Lightning Source LLC
LaVergne TN
LVHW041154080426
835511LV00006B/600